die
Eiscreme

der
Fisch

die
Möwen

der
Leucht-
turm

D1729552

Am Meer

Übersetzung von Wilfried Carstens
Illustrationen von Jean-Paul Leroy

Hemma

Die Spielsachen

Am Strand holt Dino Spielsachen heraus :

eine , um im Sand zu graben,

eine  , um eine Straßenspur zu ziehen,

einen und eine lila , um

Wasser aus dem Meer für einen kleinen

Bach herbeizutragen. Was will Dino

wohl bauen ? Natürlich eine

große  . Bestimmt !

Gießkanne

Schaufel   Harke

Sandburg

Eimer

Die Muscheln

Am Strand findet Marina drei .

Die erste erinnert an eine Weinbergschnecke.

Es ist aber eine ! Die zweite hat die

Form eines Fächers. Es ist die !

Die dritte ist schwarz wie die Tinte.

Das ist eine .

Diese drei Muscheln helfen Marina,

eine für Mama zu machen.

Halskette

Jacobs-
muschel

Miesmuschel

Muscheln

Meeresschnecke

Der Kutter

Der  ist ein Fischerboot.

Die Männer an Bord fangen in

ihren viele Kilos

an Fischen und Schalentieren. Um den

Kutter fliegen und schnappen

kleine Fische und ! Vorn im

Kutter sind fünf , um die

Seeleute im Notfall zu retten.

Kutter

Möwen

Netzen

Krabben

*Rettungs-
ringe*

Der Leuchtturm

Wenn abends die 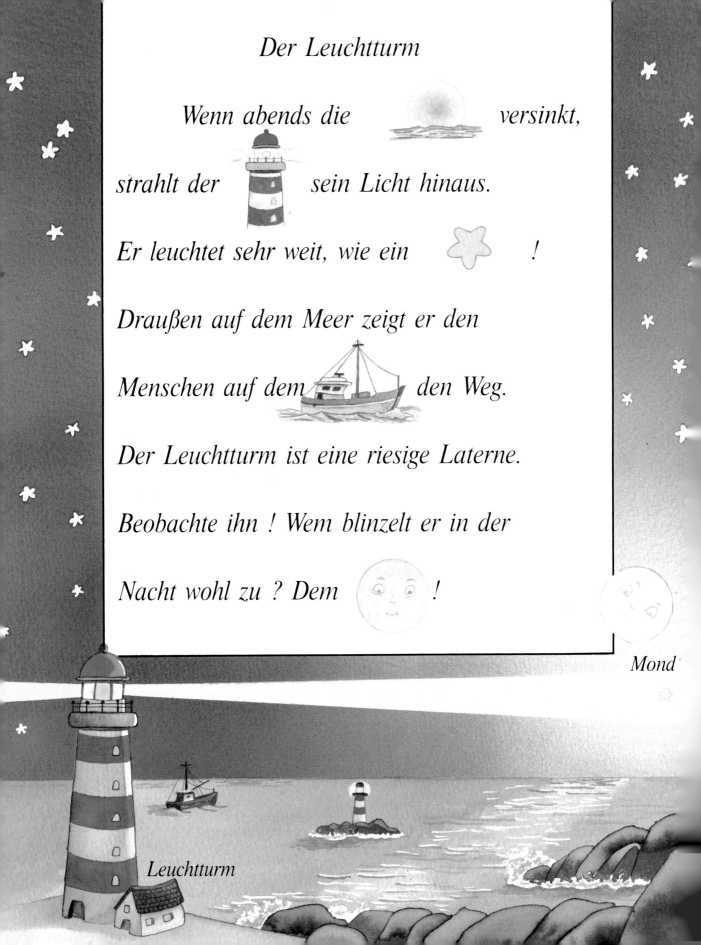 versinkt,

strahlt der sein Licht hinaus.

Er leuchtet sehr weit, wie ein !

Draußen auf dem Meer zeigt er den

Menschen auf dem den Weg.

Der Leuchtturm ist eine riesige Laterne.

Beobachte ihn ! Wem blinzelt er in der

Nacht wohl zu ? Dem !

Mond

Leuchtturm

Stern

Sonne

Schiffe

Das Passagierschiff

Dieses schöne Schiff ist größer als ein !

Ein  ist eine schwimmende Stadt.

Die Urlauber am Schwimmbad springen

von den . Und im

Restaurant an Deck spielt im

Freien ein Musiker  für die

- Gäste, die sich genüßlich an

laben, sogar unter dem Sonnenschirm.

Geige

Eiscreme

Startblöc

Passagierschiff

Wal

Die Wellen

Die  folgen dem Wind : bei

Sturm toben sie gewaltig und brechen

dann an den ! Wenn der Wind

ganz sanft weht, transportieren die

Wellen ganze Familien von kleinen

ans Ufer. Draußen spielen

Versteck um die Boote

des .

Wellen

Felsen

Garnelen

Delphine

Fischer

1 BZH

Die Fische

Im Meer gibt es Millionen

von  ! Es gibt große mit

rasiermesserscharfen Zähnen.

Es gibt , die an lange

Schlangen erinnern. Und zwischen

den flitzen kleine

Sardinen, die Angst davor haben,

daß man sie zwischen Scheiben von

serviert.

Aale

Haie

Algen

Zitronen

Fische

Der Wind

Der Wind bläht die 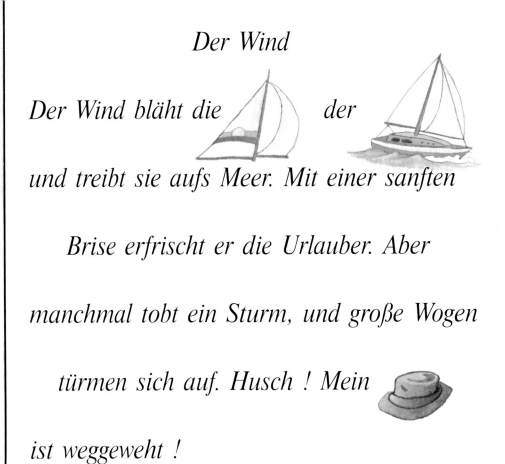 der

und treibt sie aufs Meer. Mit einer sanften

Brise erfrischt er die Urlauber. Aber

manchmal tobt ein Sturm, und große Wogen

türmen sich auf. Husch ! Mein

ist weggeweht !

Boote

Hut

Segel

der Delphin

der Kutter

die Miesmuschel